# TABLE

CHAPITRE 1 . . . . . . . . . . . . . 7
CHAPITRE 2 . . . . . . . . . . . . 17
CHAPITRE 3 . . . . . . . . . . . . 29
CHAPITRE 4 . . . . . . . . . . . . 41
CHAPITRE 5 . . . . . . . . . . . . 53
CHAPITRE 6 . . . . . . . . . . . . 63
CHAPITRE 7 . . . . . . . . . . . . 71
CHAPITRE 8 . . . . . . . . . . . . 83

[H] hachette s'engage pour l'environnement en réduisant l'empreinte carbone de ses livres. Celle de cet exemplaire est de : **400 g éq. CO$_2$**
Rendez-vous sur
www.hachette-durable.fr

PAPIER À BASE DE FIBRES CERTIFIÉES

Photogravure Nord Compo - Villeneuve d'Ascq

Imprimé en Roumanie par G. Canale & C. S.A.
Dépôt légal : novembre 2013
Achevé d'imprimer : novembre 2013
20.4193.7/01 – ISBN 978-2-01-204193-6
*Loi n° 49956 du 16 juillet 1949
sur les publications destinées à la jeunesse*

**Le roman du film**

© 2013 Disney Enterprises, Inc.

© Hachette Livre 2013, pour le texte français.

Adaptation : Natacha Godeau, pour le texte.
Tous droits réservés.

Conception graphique : Audrey Thierry.

Hachette Livre, 43, quai de Grenelle, 75015 Paris.

Disney · PIXAR

# MONSTRES ACADEMY

## Le roman du film

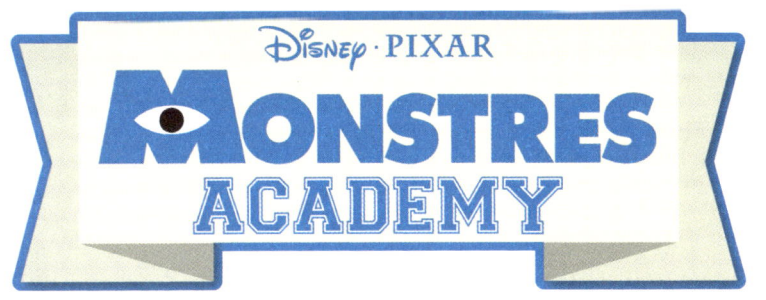

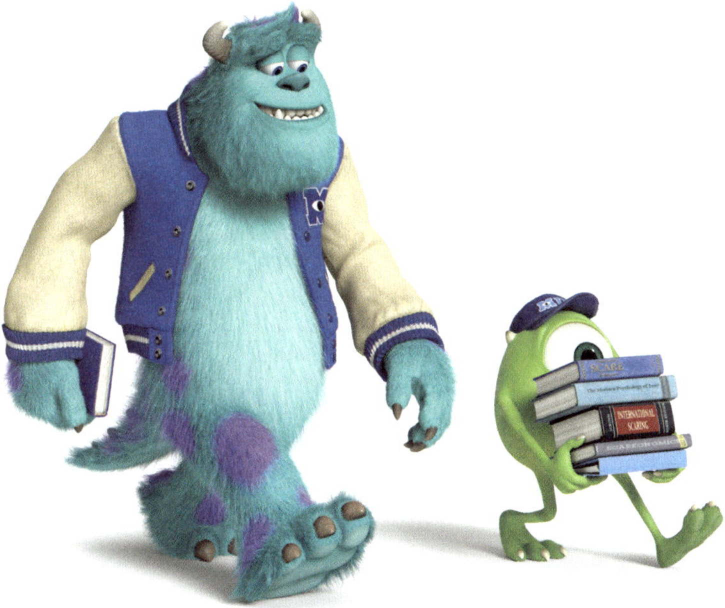

hachette JEUNESSE

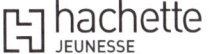

# SULLI

Son père, c'est Bill Sullivent, le célèbre Épouvanteur. Comme lui, Sulli sème la terreur partout où il passe.
Quand on est immense et plein de poils, faire peur, c'est trop facile ! Alors pourquoi s'entraîner ?
Il préfère s'amuser et se faire des copains !

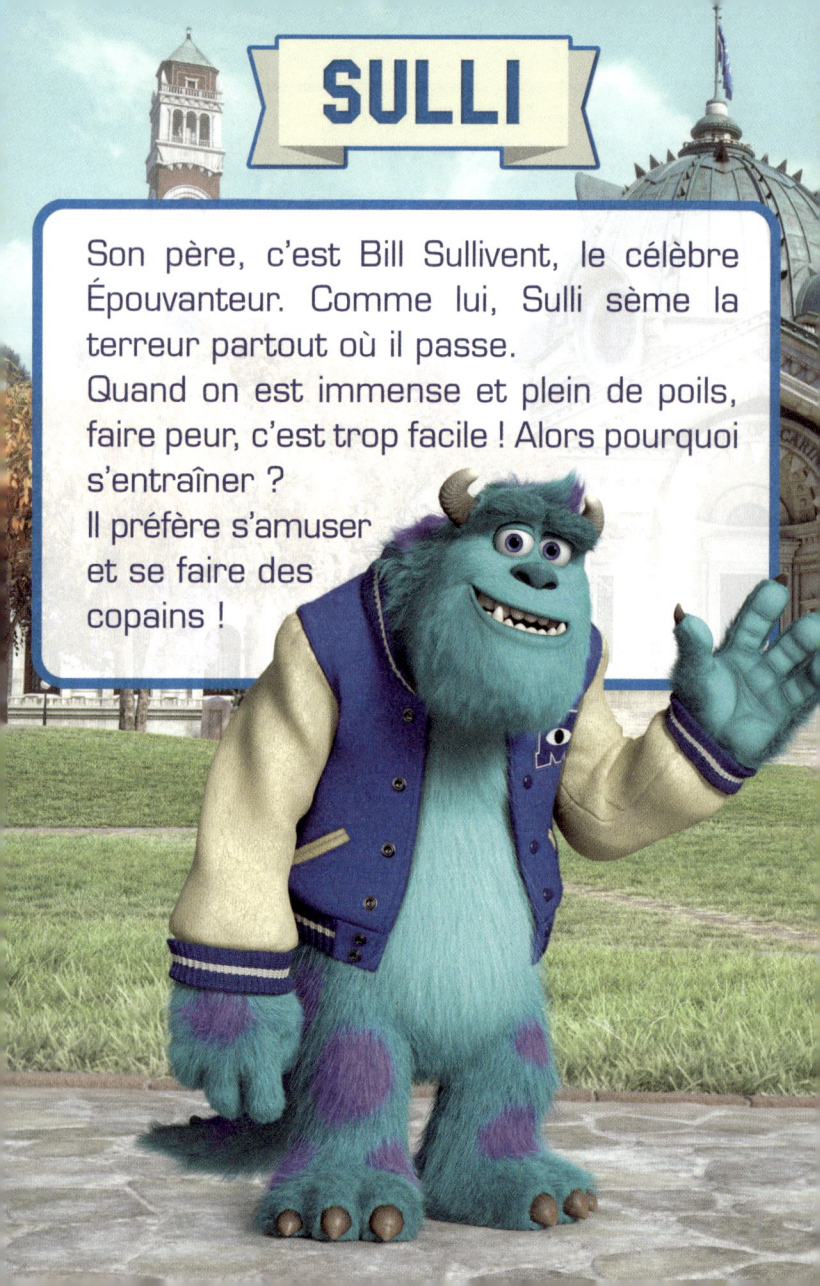

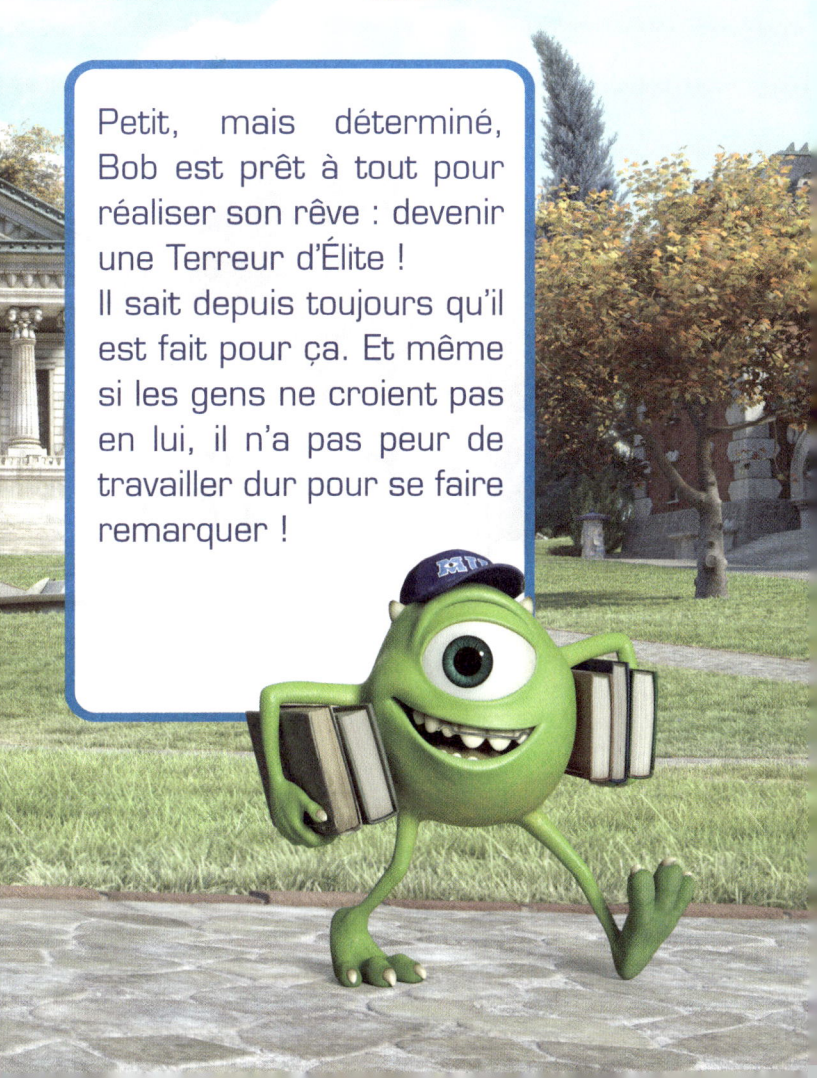

# BOB

Petit, mais déterminé, Bob est prêt à tout pour réaliser son rêve : devenir une Terreur d'Élite !
Il sait depuis toujours qu'il est fait pour ça. Et même si les gens ne croient pas en lui, il n'a pas peur de travailler dur pour se faire remarquer !

# LES OK

Bienvenue au Club des OK ! Squishy, Terri et Terry, Art et Don sont accueillants, drôles… et un peu maladroits. Dans ces conditions, pas facile de devenir épouvantable !
Mais avec de l'entraînement, on peut faire des miracles, non ?

Le car scolaire de Monstropolis se gare sur le parking. Mme Graves, l'institutrice, compte les enfants d'environ huit ans qui en sortent :

— Dix-huit, dix-neuf... Il en manque un ! Qui n'est pas là ?

Un bras vert s'agite à la fenêtre du car. Mme Graves soupire.

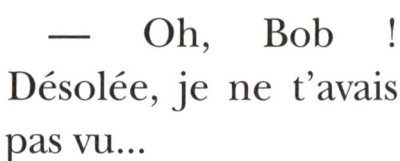

— Oh, Bob ! Désolée, je ne t'avais pas vu...

Bob est vraiment petit, tout petit pour son âge. Et personne n'a envie de se mettre en rang à côté de lui pour visiter l'usine de Monstres et Compagnie. Alors, Mme Graves lui prend la main, et tout le monde entre dans l'immense bâtiment, où un guide les accueille.

— Nous sommes à l'Étage des Terreurs, un endroit extrêmement dangereux. C'est ici que nous récoltons les cris de peur des humains, dont l'énergie alimente notre monde...

Au même instant, une bande de Terreurs d'Élite traverse le hall. Les enfants sont impressionnés. Quelle allure ! Un peu plus loin, ils assistent à une démonstration de leur travail. Bob, à qui personne ne fait jamais attention, se retrouve vite derrière ses camarades, incapable d'y voir quoi que ce soit !

— Hé ! Laissez-moi regarder, moi aussi !

Mais on ne l'écoute pas. Alors, sans hésiter, Bob se précipite dans la zone interdite... et passe de l'autre côté de la porte de placard !

Tapi dans l'ombre, il assiste au fabuleux travail d'une Terreur d'Élite. Le monstre gratte le bout du lit. L'enfant se réveille, aux aguets.

Puis le monstre se glisse à quatre pattes dans le noir... et se redresse brusquement sous le nez du petit, qui hurle, terrorisé. La Bonbonne à Cris se remplit et le monstre, satisfait, repart par la porte de placard. Bob le suit en cachette, fasciné. Mais l'institutrice l'attend...

— Qu'est-ce qui t'a pris ? Tu aurais pu te faire tuer, Bob ! Les microbes des humains peuvent nous contaminer !

Bob ne répond pas. Il est toujours en admiration devant la Terreur d'Élite, qui s'exclame :

— Hé, gamin ! Je ne t'ai même pas vu me suivre ! Tu as fait une sacrée bêtise, mais côté discrétion, tu es un vrai pro !

Et il lui offre sa casquette de l'Université des Monstres... Même devant l'institutrice en colère, Bob est aux anges !

— C'était trop top, madame Graves ! Plus tard, je veux être une Terreur d'Élite !

Les années ont passé, et Bob a maintenant l'âge d'entrer à l'Université. Il n'a pas oublié son rêve d'enfant de devenir une Terreur d'Élite, et il s'inscrit aujourd'hui aux cours de la prestigieuse Université des Monstres ! Le parc du campus est immense ! Il y a des

étudiants de tous les genres et de tous les styles. Au bureau des inscriptions, on lui remet un dossier complet, puis on le prend en photo pour sa carte d'étudiant.

— Ça y est, je suis officiellement inscrit à l'Université des Monstres ! murmure Bob, fou de joie, en admirant son portrait.

Avec un groupe d'étudiants, il visite les laboratoires où sont fabriquées les portes qui mènent au monde des humains, la cafétéria, puis la Section de la Frousse, où on enseigne la Terreur ! Il est émerveillé. Ce sont ces cours-là qu'il a choisi de suivre, et il a hâte de commencer.

Mais, d'abord, il découvre les clubs d'étudiants : il y en a des tas ! Arts plastiques, improvisation, astronomie... Le président de ce dernier club interpelle Bob.

— Les Jeux de la Peur, ça t'intéresse ?

Bob saisit le tract qu'il lui tend, intrigué.

— Qu'est-ce que c'est ?

— Une super-méga-compétition, un concours de Terreurs en Herbe !

L'occasion idéale de prouver aux autres étudiants que tu peux être le plus effrayant de tous les monstres du coin !

— Génial ! s'exclame Bob.

Et serrant précieusement le tract contre lui, il gagne le dortoir où le surveillant lui indique sa chambre.

Il pousse timidement la porte. Un caméléon à lunettes l'accueille joyeusement :

— Hé, salut ! On partage la chambre. Je m'appelle Léon Bogue. Je suis sûr qu'on va bien s'entendre !

Bob choisit son lit, puis décore le mur en y collant ses posters favoris, ainsi qu'un calendrier et le tract des Jeux de la Peur. Vivement demain, pour son premier jour de classe !

Le matin suivant, Bob et Léon se rendent ensemble à l'amphithéâtre de la Section de la Frousse, une salle immense décorée des bustes des plus grands Épouvanteurs de l'histoire et de leurs Bonbonnes à Cris. Bob imagine déjà son propre buste au milieu... Comme toujours, il est le plus petit des élèves, et les autres le regardent d'un air moqueur. Par chance, Léon s'installe près de lui.

— C'est notre premier jour, Bob... J'ai le trac !

— Zen, mon vieux ! Il n'y a pas de quoi avoir peur !

Mais quand le professeur Knight se présente, une inquiétante silhouette se faufile dans son dos... C'est Dean Hardscrabble, une Championne de la Terreur qui détient le record du cri collecté le plus puissant de tous les temps !

## CHAPITRE 2

Dean Hardscrabble contemple la classe d'un œil sévère.

— La faculté d'effrayer fait la valeur d'un monstre, annonce-t-elle. Mon travail est de rendre géniaux les meilleurs d'entre vous, pas d'améliorer les médiocres ! C'est pourquoi vous passerez un

Test d'Aptitude dans quelques semaines. Ceux qui échoueront seront renvoyés de la Section de la Frousse et réorientés vers un autre cours de l'Université.

Puis elle quitte l'amphithéâtre d'un coup d'ailes, laissant les élèves perplexes. Le professeur Knight reprend la parole :

— Bien, commençons notre cours. Qui peut me donner les caractéristiques d'un grognement effroyable ?

Bob lève la main. Il connaît la réponse ! Mais un grondement terrible l'interrompt, et un monstre massif à la fourrure bleutée entre dans l'amphithéâtre.

— J'arrive en retard, dit celui-ci

en se frayant un chemin entre les gradins. J'ai entendu qu'il fallait décrire un grognement, alors j'ai fait une petite démonstration !

Le professeur Knight hoche la tête.

— Très impressionnant, élève… ?

— Jacques Sullivent. Sulli, pour les intimes.

— Sullivent comme le célèbre Épouvanteur ? Vous êtes le fils de Bill Sullivent ? demande le professeur d'un ton admiratif. Cela met la barre très haut pour vous, jeune homme !

— Vous ne serez pas déçu, m'sieur !

Bob grimace. Ce Sulli vient de lui voler sa réponse, et il lui tape déjà sur les nerfs !

Plus tard, au calme dans sa chambre, Bob fait ses devoirs. Il a refusé d'accompagner Léon à la fête des étudiants pour réviser son Test d'Aptitude. Il lit un chapitre de son Manuel de la Frousse lorsqu'un bruit bizarre, du côté de la fenêtre, attire son attention. Il se retourne et voit un drôle de cochon surgir brusquement dans la pièce ! Sulli escalade le rebord de la fenêtre derrière lui en criant :

— Archie !

Le monstre bleu entre, et le cochon fonce se cacher sous le lit. Bob proteste :

— Hé ! Qu'est-ce que tu fabriques dans ma chambre ?!

— Ta chambre ? Oups ! Excuse, je me suis gouré de fenêtre ! Archie, reviens, mon pote !

Sulli s'agenouille et tend la main sous le lit. Il explique :

— Archie est la mascotte de l'université rivale. Je l'ai kidnappé pour le Club des ROR, le club le plus respecté du campus. Il n'accepte que les meilleurs des meilleurs ! Et toi, comment tu t'appelles, déjà ?

— Bob Razowski. Bon, ce fut un plaisir de vous voir, toi et ta mascotte volée, mais maintenant, du balai, j'ai du travail !

Il tente de reconduire l'intrus à la porte, mais Archie saute sur son bureau et lui chipe sa casquette fétiche avant de s'échapper par la fenêtre.

— Hé, ma casquette ! hurle Bob en s'élançant à ses trousses.

— Hé, mon cochon ! renchérit Sulli en lui emboîtant le pas.

Une course-poursuite effrénée s'engage. Archie traverse le campus sans ralentir l'allure jusqu'à la Résidence des Étudiants, où la fête bat son plein. Le cochon sème une belle pagaille autour de lui : il contourne les tables, investit la piste de danse... et heurte un étudiant, en faisant au passage tomber Bob, qui lui a sauté sur le dos.

— T'inquiète, je ne le lâche pas ! s'égosille Sulli.

Le cochon file vers une rangée de bicyclettes et Bob réussit enfin à le piéger dans une poubelle ! Il le saisit par la peau du cou, récupère sa casquette... tandis que Sulli les porte tous les deux en triomphe au-dessus de sa tête.

— Regardez, j'ai Archie, la mascotte de nos rivaux ! Notre fac est la meilleure !

— Hourra ! applaudissent les étudiants.

Bob, d'abord contrarié par cette mésaventure, apprécie finalement le bref instant de gloire imprévu qu'il est en train de vivre. Hélas, il réalise vite que les félicitations ne

sont que pour Sulli. Personne ne le remarque !

Johnny, l'imposant et respecté président du Club des ROR, fend alors la foule et demande le silence.

— Sulli, pour un nouveau, tu te débrouilles super bien, déclare-t-il. Tu es un costaud, mon gars ! Une vraie Terreur en Herbe ! Les ROR seraient fiers de te compter parmi eux. Tu te joins à la fête ?

Bob aussi aimerait accompagner les ROR. Mais Johnny lui barre le chemin.

— À chacun son style, crevette ! Les Terreurs, ce n'est pas pour toi. Dans le genre rigolos, le Club des OK sera enchanté de t'accueillir !

Il pointe l'index en direction d'un groupe de monstres à l'air un peu niais. L'un d'eux lui lance :

— Viens, on a du gâteau !

Bob les dévisage, incrédule. Puis il se tourne vers Johnny :

— Tu plaisantes, là ?

— Sulli, grogne alors le président des ROR, exaspéré. Tu lui expliques ?

Un peu gêné, Sulli bredouille :

— Écoute, Bob, le Club des ROR est réservé aux étudiants qui ont une chance de décrocher leur diplôme de Terreur...

— Ah ouais ? Ben, je pourrais t'étonner, mon vieux ! s'enflamme le petit monstre, vexé. Tu crois que je ne deviendrai jamais une Terreur, hein ? Eh bien, prépare-toi à pleurer de trouille !

Sur ce, il tourne les talons et s'éloigne, plus décidé que jamais à prouver au monde entier de quoi Bob Razowski est capable !

# CHAPITRE 3

Bob est un étudiant modèle. Il se donne du mal pour apprendre, s'entraîne dur avec Léon, révise tous les soirs... D'ailleurs, il a d'excellentes notes !

Sulli, en revanche, est si sûr de lui qu'il privilégie les séances de récréation, et sa moyenne générale chute rapidement. La réussite de Bob l'agace : désormais, il le considère comme un rival. D'autant plus que Johnny avertit Sulli : s'il ne s'améliore pas, il sera banni du Club des ROR !

Alors, le jour du Test d'Aptitude, le gros monstre n'en mène pas large... même s'il s'efforce de le cacher devant Bob !

— Cet examen déterminera si vous continuerez, ou non, vos études de futur Épouvanteur professionnel, rappelle le professeur Knight en accueillant les élèves, ce matin-là. Vous allez donc entrer dans le Simulateur de Cris...

C'est une fausse chambre installée sur l'estrade, avec le robot d'un enfant humain dans le lit. À eux de le faire hurler de peur ! Dean Hardscrabble surgit alors de l'ombre, et le professeur ajoute :

— Notre directrice assistera au Test et jugera de vos capacités. Bien, commençons !

Le premier candidat monte sur l'estrade, l'air nerveux. Le professeur Knight l'interroge :

— Je suis une fillette de cinq ans, j'ai horreur des araignées et du Père Noël. Quelle technique d'effroi adoptez-vous contre moi ?

— Euh... Le Ramper-Bondir des Fêtes ?

— Démonstration, je vous prie.

L'élève se faufile sans bruit dans le simulateur. Puis il saute sur le robot en poussant un long grognement.

— Merci, conclut le professeur. Les résultats seront affichés plus tard sur la porte de mon bureau. Candidat suivant !

Bob a le trac. Il décide de relire ses leçons... ce qui a le don d'agacer Sulli ! Pour le déconcentrer, le monstre bleu fait « accidentellement » tomber ses affaires, puis s'entraîne à rugir tout près de lui. Bob le fusille du regard, et ils s'engagent tous les deux dans une dispute de Terreurs en Herbe... jusqu'à ce que Sulli renverse par mégarde la Bonbonne à Cris de la directrice... Le hurlement record s'échappe ! Quelle catastrophe !

Étrangement, la directrice ne perd pas son calme. Elle articule d'un ton glacial :

— Monsieur Razowski... Je suis une fillette de cinq ans, je vis dans une ferme du Kansas et je déteste les éclairs de tonnerre. Quelle technique d'effroi adoptez-vous contre moi ?

Bob grimace. Pourquoi l'interroge-t-elle maintenant ? Il bredouille :

— Le Gronder-Crépiter de l'Ombre ?

Mais quand il avance vers le simulateur, elle l'interrompt brusquement :

— Merci, ça suffira.

— Mais je n'ai même pas...

— J'en ai vu assez.

Puis la directrice s'adresse à Sulli :

— Je suis un garçon de sept ans, je...

Aussitôt, le géant bleu rugit à gorge déployée. La directrice fronce les sourcils.

— Je n'avais pas terminé, monsieur Sullivent.

— Pas besoin de bla-bla pour terroriser un gamin, rétorque-t-il.

— Ah oui ? Ce bla-bla vous aurait pourtant appris que l'enfant en question avait la phobie des serpents : rugir ne peut pas le faire hurler de terreur, mais, tout au plus, pleurer. Ce qui alertera ses parents, exposant Monstropolis au pire danger. Je vous renvoie du cours d'Épouvante.

Sulli accuse le coup.

— Mais c'est impossible, madame ! Je suis un Sullivent !

— Oui... Votre famille sera certainement très déçue.

Sulli sent la colère bouillonner en lui et quitte la salle d'un pas rageur.

— Quant à vous, Bob Razowski, ajoute la directrice, vous ne faites définitivement pas peur à voir. Et faire peur à voir, ce n'est pas quelque chose qui s'apprend. Vous vous êtes trompé d'orientation. Au revoir.

Le semestre suivant, Bob et Sulli sont placés d'office dans le cours de Fabrication des Bonbonnes à Cris. Quel ennui ! Ils sont désespérés... Sulli a même été rejeté du Club des ROR, et il en veut à Bob. Pour lui, c'est le seul responsable de son échec !

De retour dans sa chambre, Bob est si déçu et si déprimé qu'il jette son manuel de Fabrication de Bonbonnes à Cris contre le mur. Le calendrier se décroche... et fait tomber le tract des Jeux de la Peur. Bob sourit : voilà qui lui donne une idée géniale !

Vite, il file s'inscrire à la compétition annuelle. C'est l'occasion rêvée de montrer qu'il peut devenir une Terreur ! En courant dans le couloir, il croise Sulli qui décide de le suivre, curieux de savoir où il va...

Dehors, les inscriptions au concours s'achèvent justement.

Le président du Club de Grec s'adresse à la foule d'étudiants rassemblés pour l'événement.

— Je vous demande d'applaudir la fondatrice des Jeux de la Peur, Mme Hardscrabble !

— Seule l'équipe la plus féroce du campus remportera le trophée, lance celle-ci. Alors, que les meilleurs des monstres gagnent !

— Parfait ! enchaîne le président du Club de Grec. Je déclare donc les inscriptions closes et...

— Une minute ! le coupe Bob en arrivant. Moi aussi, je veux participer !

Johnny et les ROR éclatent de rire. Le président du Club de Grec précise :

— On ne peut concourir que par équipe. Tu dois appartenir à un club, Bob.

Ce dernier réfléchit... et aperçoit les OK parmi la foule.

— Voici mes partenaires, crie-t-il. Don, Terri et Terry, Squishy et Art !

La directrice marmonne :

— Monsieur Razowski, à quoi jouez-vous ?

— Vous avez bien dit que les gagnants seraient les monstres les plus effrayants du campus ? Donc, si je gagne, ça signifiera que vous vous êtes trompée et que je peux devenir une Terreur d'Élite ! Je propose que, si mon équipe gagne le trophée, vous nous acceptiez tous dans le cours d'Épouvante !

La directrice acquiesce :

— Marché conclu ! Mais si vous perdez, monsieur Razowski, vous quitterez l'Université des Monstres !

Bob accepte. Après tout, il n'a plus rien à perdre !

## CHAPITRE 4

Tout n'est pas joué pour les OK : selon le règlement, l'équipe doit compter au moins six membres pour participer, et Terri et Terry, le monstre à deux têtes, ne compte que pour un ! Affolé, Bob interpelle la foule d'étudiants :

— Personne n'aimerait se joindre à nous ? Hé, Léon ! Tu

tombes bien ! Tu t'inscris dans mon équipe ?

— Désolé, Bob. Les ROR viennent de me le proposer... et j'ai accepté.

Au même moment, Sulli surgit à côté de Bob.

— Zen, Neunœil ! Ton sauveur est arrivé !

— Toi ?! Ah ça, non, alors ! Pas question !

Mais les inscriptions vont fermer... Bob n'a pas le choix. Sulli devient officiellement un OK !

Bob et Sulli emménagent peu après au Club des OK, le petit pavillon que Squishy habite avec sa mère, Mme Squibbles. Bob soupire : pas étonnant qu'on ne les prenne pas très au sérieux ! Mais leurs nouveaux coéquipiers sont enthousiastes.

— On a tous été renvoyés du programme de Hardscrabble, leur dit Don. Mais grâce à ton pari, Bob, on rêve d'y retourner ! J'ai passé l'âge de faire des études, mais j'ai décidé de les reprendre, après mon licenciement.

— Moi, c'est Terri, avec un I. Et moi, Terry, avec un Y, dit le monstre à deux têtes.

— Je suis étudiant en Philo New Age, lance Art. J'ai hâte de partager vos rires et vos larmes !

— Moi, je m'appelle Scott Squibbles, mais on me surnomme Squishy, et vous êtes mes seuls amis.

Sulli écarquille les yeux, désespéré : décidément, les OK ne seront jamais assez effrayants pour gagner les Jeux !

Puis Don conduit Bob et Sulli

dans une pièce minuscule, meublée d'étroits lits superposés, où il les laisse s'installer tranquillement.

— Dis donc, Bob, c'est une mauvaise blague, ou quoi ?! s'énerve Sulli.

— T'inquiète, je vais reprendre l'équipe en main…

Une coupure de courant les interrompt subitement.

— Super ! Il ne manquait plus que ça ! grogne Sulli.

Ils traversent la maison dans le noir en appelant les OK. Pas de réponse. Intrigués, ils empruntent l'escalier de la cave. Une chandelle brûle au milieu de la buanderie. Don, encapuchonné, les y attend :

— Bienvenue à votre rituel d'intégration !

La cérémonie frise le ridicule, avec tout le monde affublé d'une longue toge. Au moment où Bob et Sulli doivent prêter serment, la lumière se rallume et Mme Squibbles descend faire la lessive.

— Continuez, surtout ! Faites comme si je n'étais pas là !

Cette fois, Bob et Sulli ont le sentiment de toucher le fond. Les OK sont vraiment des monstres de pacotille ! Devinant leur trouble, Don déclare :

— Vous savez, on est loin d'être des as de la frayeur ! Vous compter parmi nous est un honneur !

Squishy leur tend à chacun une casquette brodée « OK ». Bob et Sulli les coiffent avec une légère réticence... tandis que leurs hôtes, heureux, les acclament !

Le lendemain matin, les OK reçoivent leur convocation à la première épreuve des Jeux ! Bob s'empare du document.

— Nom d'un monstre ! L'épreuve se déroule ce soir… dans les égouts du campus !

Il y a un monde fou, dans les égouts du campus. Tous les étudiants se sont déplacés pour assister au coup d'envoi des Jeux de la Peur. Le président et le vice-président du Club de Grec se tiennent au centre d'une scène, au milieu des équipes concurrentes.

— Bienvenue à notre première épreuve des Jeux : *le Défi Toxique* ! déclare le président.

Les spectateurs applaudissent.

Dean Hardscrabble apparaît sur une estrade voisine.

— Tous les Épouvanteurs en Herbe le savent, poursuit le président, rien n'est plus toxique pour nous que le contact d'un enfant humain ! Pour notre compétition, les chercheurs du Département Biologie de l'Université ont créé une imitation très efficace... Malheur à celui qui touchera ces créatures nuisibles !

Le président montre un immense tunnel, tapissé d'étranges oursins brillants.

— Il faudra franchir l'égout en évitant au maximum d'être contaminé par nos créatures ! Les derniers arrivés seront éliminés.

— Tu as entendu, Razowski ? s'inquiète Squishy. Si on perd, ce sera fini…

— On ne perdra pas, rétorque Bob d'un ton assuré. Je vais gagner pour l'équipe !

— Laisse agir l'expert, Neunœil ! proteste Sulli. C'est moi qui vais gagner pour l'équipe !

Les concurrents se placent sur la ligne de départ. Les ROR sont certains de leur victoire, mais les OK restent en retrait derrière Bob et Sulli, totalement absorbés par leur dispute.

— Encore un détail : la course a lieu dans l'obscurité ! précise le président.

Les lumières s'éteignent. Les oursins lumineux paraissent cent fois plus dangereux dans le noir, et Squishy tremble de terreur.

— Attention ! À vos marques, prêts, partez !

Art démarre comme une flèche... et heurte immédiatement les oursins. Bob et Sully courent coude à coude en s'affrontant du regard, sans s'occuper des maladroits OK. Les ROR, qui travaillent en équipe, sont vite en tête. Les oursins recouvrent le sol, pendent au plafond, pleuvent des parois... Bob les esquive avec adresse. Il double Sulli, qui accélère et le rattrape sous les rires moqueurs de Johnny, toujours en tête... Les ROR passent la ligne d'arrivée les premiers !

Bob et Sully arrivent en deuxième position, ex æquo. Mais les autres OK arrivent derniers après tous les autres... L'équipe est éliminée. Bob n'en revient pas ! Pourtant, il connaît son erreur : une course en équipe ne se dispute pas seul...

## CHAPITRE 5

Le président du Club de Grec prend la parole :

— Votre attention, s'il vous plaît ! Le Club des Mâchoires a triché en utilisant du baume protecteur. Ils sont disqualifiés. Le Club des OK est donc réintégré !

Bob pousse un soupir de soulagement : ils ont eu une sacrée

chance, sur ce coup-là ! Mais il sait que cela ne se reproduira pas...

— Demain, réunion de crise ! lance-t-il à ses compagnons.

Le lendemain, les OK se rassemblent dans la cour.

— Il faut revoir notre stratégie, les gars ! annonce Bob. On doit faire équipe, et pour ça, chacun doit mettre la main à la pâte !

— On a listé nos points forts, intervient Squishy.

— Au lycée, j'étais un pro dans l'art de la Traque Discrète, commence Don. Admirez !

Il s'agenouille et tente d'avancer en silence. Hélas, ses tentacules se décollent du sol à chaque pas avec un terrible bruit de succion. Terri et Terry enchaîne avec un tour de magie, et perd au passage toutes les cartes dissimulées dans sa manche. Bob secoue la tête, navré.

— Bon... Le mieux, c'est d'oublier vos spécialités. À partir de maintenant, je vous dicterai quoi faire et comment le faire. Entendu ?

— Entendu, chef ! répondent en chœur les OK.

— Tu perds ton temps, Bob,

murmure Sulli en s'éloignant. C'est sans espoir...

— Où tu vas ? Et l'entraînement ?!

— Je suis un Sullivent ! Les autres ont besoin d'un coach, mais pas moi !

Deuxième épreuve des Jeux : *Gare aux Parents.* Lorsqu'on effraie un enfant, le plus grave danger est d'être surpris par ses parents. Pour prouver leur discrétion, les concurrents doivent pénétrer dans la Bibliothèque de l'Université comme s'ils se faufilaient dans une chambre. Là, il faut récupérer le fanion de son équipe sans se faire repérer par la sévère bibliothécaire à l'ouïe superfine...

Le président du Club de Grec commente l'épreuve au fur et à mesure que les équipes se qualifient.

— Il ne reste que deux équipes en lice, annonce-t-il aux spectateurs. Et la dernière à quitter les lieux sans son fanion sera éliminée. Le suspense est à son comble !

Caché dans un angle de la salle d'étude avec son groupe, Terri et Terry chuchote :

— Ce n'est pas cette vieille pieuvre de bibliothécaire qui va m'impressionner !

Mais, au même moment, celle-ci devient immense et hurle en jetant dehors un élève qui a éternué.

Bob se tourne vers ses équipiers.

— Souvenez-vous : faites exactement comme moi !

Il avance lentement en direction des fanions, et les OK imitent le moindre de ses gestes. Mais Sulli accélère l'allure.

— Non, Sullivent ! souffle Bob.

— Non, Sullivent ! répètent les OK.

— Chut ! murmure Bob.

— Chut ! font les OK en écho.

Sulli se précipite vers un escabeau à roulettes, grimpe, puis glisse le long du rail jusqu'aux fanions plantés au sommet d'une statue.

Mais ce qui devait arriver arrive : dans sa hâte, il perd l'équilibre et s'écrase sur le plancher dans un grand *boum !* La bibliothécaire se rue sur lui. Vite, Don crée une diversion en tapotant par terre avec ses tentacules.

— Stop ! le supplie Bob.

Mais pour sauver Don, Terri et Terry crée à son tour une diversion en faisant tomber les livres des étagères... puis Art exécute un numéro de claquettes sur une table pour détourner l'attention de la bibliothécaire et sauver Terri et Terry... au grand désarroi de Bob, paniqué !

Mais il faut l'avouer : la tactique fonctionne à merveille. La bibliothécaire ne sait plus où donner de la tête, et les OK parviennent à s'enfuir !

En sécurité dans le parc, Squishy brandit fièrement le petit drapeau et Art éclate de rire :

— Hourra ! On a réussi !

La directrice Hardscrabble a toutes les peines du monde à le croire...

Plus tard dans l'après-midi, les OK croisent la bande du Club des Filles, qui les invitent à la fête des ROR, donnée pour les Terreurs en Herbe qui ont passé la première partie des Jeux. Bob et ses amis rougissent de fierté. C'est la première fois qu'on les invite quelque part !

Une fois chez les ROR, les OK combattent leur timidité naturelle et osent enfin s'élancer sur la piste de danse, où ils se trémoussent en riant.

Mais soudain, au signal de Johnny, une pluie de peinture, de confettis, de fleurs et de joujoux ridicules s'abat sur les OK. Toute la salle se moque d'eux ! Quelqu'un les prend même en photo.

Dès le lendemain, le cliché finit dans le journal de l'Université.

— Tu vois, Bob ? Toi et ta bande de ratés, vous avez des têtes de clowns ! grince Johnny.

— Vous n'êtes pas des monstres de la catégorie Élite, faut vous faire une raison ! renchérit Chet, son complice.

Catégorie Élite ? Mais bien sûr !

Bob sourit, satisfait : il vient de trouver un plan infaillible pour regonfler le moral de son équipe... et la remotiver à fond !

## CHAPITRE 6

Bien plus tard, dans la soirée... Mme Squibbles se gare discrètement sur un parking. Bob, Sulli et les OK sortent de la voiture.

— Je vous attends ici, dit la mère de Squishy. Amusez-vous bien !

Bob ouvre la marche. Il conduit son groupe jusqu'à la grande grille de l'usine dont l'enseigne indique :

Monstres et Compagnie. Là, il sort une paire de pinces et sectionne quelques fils barbelés. Ils entrent dans le bâtiment, puis empruntent une échelle pour monter sur le toit. Depuis une baie vitrée, ils regardent les Terreurs d'Élite à l'œuvre. Les OK sont ébahis.

— Fantastique ! Ils vont dans le monde des humains récolter des cris d'enfants, et ils n'ont même pas peur ! murmure Squishy.

— Ce sont les meilleurs Épouvanteurs de Monstropolis, explique Bob. Vous voyez ce qu'ils ont en commun ?

Squishy fronce les sourcils.

— Ben... rien !

— Exactement ! Leur force, ce

sont leurs différences ! Vous comprenez ?

Les OK observent les Terreurs. Il y a des géants, des nains, des gros, des maigres, des jeunes, des vieux... C'est la preuve que n'importe quel monstre peut devenir un Épouvanteur s'il le souhaite ! Sulli l'admet en secret : Bob a eu une excellente idée. Seule l'estime de soi permet de réaliser ses rêves, et en amenant les OK là, il leur a redonné confiance en eux !

— J'ai été idiot, Bob.

— Moi aussi, Sulli... Mais il n'est pas trop tard pour former une équipe du tonnerre !

À cet instant, les vigiles de l'usine les repèrent, perchés sur le toit…

Vite, les OK prennent leurs jambes à leur cou et rejoignent le parking !

Mais Mme Squibbles ne semble pas pressée de démarrer…

— Un chewing-gum pour la route ? propose-t-elle à la ronde.

Alors, Bob appuie lui-même sur

l'accélérateur, et la voiture file, juste sous le nez des vigiles !

Les OK se réunissent dans la cour, pour l'entraînement avant les dernières épreuves. Bob dirige les opérations : se planquer dans l'ombre, maîtriser les Grimaces Glaçantes, les Tentacules Collants… Le travail est difficile, mais il porte enfin ses fruits, et Bob et Sulli s'entendent beaucoup mieux.

Pour la troisième épreuve : *Effrayez juste l'enfant*, les OK traversent le labyrinthe en ne terrorisant que les silhouettes des tout-petits. Ils terminent en deuxième position, derrière les ROR, plus rapides au chronomètre.

— Vive les OK ! se réjouissent les premiers fans de l'équipe.

Quatrième épreuve : *Le Cache-Frousse*, où les concurrents, terrés dans le noir, ne doivent surtout pas être vus du jury. Les OK s'en sortent bien, mais les membres de l'équipe des Filles se font éliminer. Résultat, les ROR et les OK sont les deux équipes finalistes des Jeux ! Ils s'affronteront durant l'épreuve décisive de la *MégaTrouille*...

— Le Club des ROR remportera-t-il le titre de champion pour la troisième année consécutive ? lance le commentateur des Jeux. À demain soir, pour le savoir !

Les OK ont de plus en plus d'admirateurs sur le campus. À présent, Sulli croit en la victoire. Il demande à son ancienne directrice des études :

— Madame Hardscrabble ? J'espère que vous ne nous en voudrez plus, quand nous réintégrerons le cours d'Épouvante...

— Pour cela, il faut gagner les Jeux, Sullivent ! répond-elle sèchement. Et, dans une épreuve d'épouvante pure, au moins l'un des OK ne sera jamais assez effrayant face aux ROR...

Sulli soupire. Elle parle de Bob, évidemment. Mais pas question d'abandonner si près du but !

Ce soir-là, dans leur petite chambre, Sulli essaie de rendre son ami terrifiant...

— Réveille le monstre qui est en toi, Bob ! Tu ne fais pas peur : tu *es* la peur ! Vas-y, grogne ! Plus fort !

Bob s'améliore un peu...

— Je suis fin prêt ! se vante-t-il en allant au lit. Je vais les épater !

— Tu l'as dit, bouffi ! lance Sulli.

Pourtant, au fond de lui, il n'y croit plus beaucoup...

# CHAPITRE 7

Le jour J est arrivé : de nombreux spectateurs assistent à la grande finale des Jeux de la Peur. Sous le regard noir des ROR, le public acclame les OK. Mme Squibbles est leur plus fidèle supporter !

— Le moment est venu de mesurer votre Potentiel Personnel

d'Effroi, annonce le vice-président du Club de Grec. Cette épreuve est un exercice d'épouvante.

Il désigne deux reproductions de chambre humaine, sur l'estrade : une par équipe. Dans chaque lit, un robot-test représente un enfant que les candidats devront faire hurler de terreur chacun leur tour. Le président du Club de Grec enchaîne :

— Voici les Simulateurs de Cris. Je vous préviens : ils sont réglés sur le niveau « très difficile ». Alors, bonne chance à tous, pour remplir les Bonbonnes !

Chez les OK, Don commence. Face à lui, les ROR désignent Spike. Les ampoules clignotent au-dessus des simulateurs : rouge, jaune, vert... C'est parti !

Encouragés par leurs équipes, les concurrents consultent le dossier de l'enfant à effrayer, puis se faufilent dans la chambre. Spike marche malencontreusement sur un canard en caoutchouc, et le robot-test se redresse dans son lit. Le monstre réagit aussitôt en poussant un rugissement improvisé. L'enfant hurle. La Bonbonne à Cris se remplit à mi-hauteur, et Spike quitte la scène, satisfait.

Pendant ce temps, Don se balance au plafond, suspendu par un tentacule au-dessus du robot-test. Il grogne, et l'enfant crie. Bingo !

La Bonbonne atteint un degré supérieur à celle de l'adversaire !

— Candidats suivants ! ordonne le président du Club de Grec.

Cette fois, Terri et Terry affronte Chet. Ce dernier ne perd pas un instant : il entre dans une formidable roulade, gronde à pleins poumons et explose le score de Don.

— Génial ! se réjouit Johnny.

Terri et Terry se glisse dans l'ombre. Le robot-test s'agite, pense apercevoir une silhouette humaine devant lui... mais, soudain, celle-ci se sépare en deux têtes et quatre bras !

— Hiiiiii !

L'enfant s'égosille, terrorisé, égalisant presque avec les ROR.

Résultat très honorable ! Squishy enchaîne et surprend son robot-test en apparaissant brusquement près de lui. L'enfant hurle et le niveau de la Bonbonne à Cris dépasse la moitié. Les OK mènent d'une courte tête !

— Bravo ! lance Mme Squibbles, très fière de son fils.

Chip doit sauver son équipe. Il se concentre, pousse un rugissement abominable... et *zou* ! La Bonbonne des ROR n'est pas loin de déborder ! Les OK sont déçus, mais tout n'est pas encore joué.

— Art, on compte sur toi pour rattraper le coup !

Javier, des ROR, enfonce le clou en réussissant une nouvelle performance. Art a beau s'appliquer, prendre une posture de yoga des plus menaçantes, il ne parvient pas à rivaliser. À ce stade, les ROR ont une nette avance. Si les OK veulent gagner les Jeux, Sulli et Bob devront tous les deux battre leur adversaire respectif...

Sulli se retrouve face à Léon le

caméléon. Le dossier décrivant l'enfant à terrifier signale que celui-ci craint l'orage et les chiens. Parfait ! Sulli se faufile dans le simulateur, évitant à pas furtifs les objets qui jonchent le sol. Il approche du lit... et pousse un rugissement de tonnerre ! La puissance de celui-ci éjecte Léon de la paroi du simulateur, où il rampait avec une mine inquiétante.

Le caméléon tombe alors sur un tapis, dont il prend la couleur rose bonbon. Le voici soudain moins effrayant ! Son robot-test crie moins fort, et Sulli remporte la manche, replaçant les OK et les ROR à égalité ! Fou de rage, Johnny renvoie aussitôt Léon du club. Humilié, le caméléon fusille Sulli du regard.

— Je me vengerai, Sullivent ! Je jure que je me vengerai !

Les deux derniers concurrents sont Bob et Johnny. L'enjeu est crucial. Bob serre les dents, très déterminé : il est prêt à tout donner durant cette épreuve ! Il adopte la technique de la lenteur, tandis que Johnny fonce sans réfléchir en grognant à tue-tête. Son robot-test hurle tant et si bien que la Bonbonne à Cris est presque pleine. Le vice-président du Club de Grec s'exclame :

— Oh ! là là ! Quelle performance de l'équipe des ROR !

À moins d'établir un record, il paraît impossible de faire mieux. Cependant, Bob refuse de perdre espoir. Il se glisse dans la chambre, secoue les rideaux, approche du lit, prend une longue inspiration... et pousse un grondement tel que le robot-test se redresse en criant, et la Bonbonne à Cris se remplit à ras bord !

— Yeaaahh !!! s'époumone Sulli, victorieux.

Incroyable : les OK ont battu les ROR ! Ils remportent les Jeux de la Peur ! L'assistance en délire applaudit la valeureuse équipe : ils viennent de réaliser un véritable exploit ! Les ROR, abasourdis, n'y comprennent rien... C'est le monde à l'envers ! Bob brandit la coupe, et tous célèbrent en chœur son triomphe. Il a enfin démontré qu'il était digne de devenir une Terreur d'Élite !

— On a réussi ! exulte Sulli. On retourne en classe d'Épouvante ! Hourra !!!

Peu après, Bob ne peut résister à l'envie de refaire un petit tour dans le simulateur. Il souffle un léger « *bouh !* » en passant devant le robot-test... et ce dernier se redresse en poussant un hurlement suraigu ! Bob s'étonne, puis claque des doigts. L'enfant crie à nouveau : la machine est hypersensible, c'est bizarre ! Il vérifie le simulateur et découvre, horrifié, que le robot a été réglé sur le niveau « débutant » !

— J'ai fait ça pour aider… avoue tout bas Sulli.

Bob tremble de colère... et de déception !

— Tu as triché, Sulli ! Dire que je pensais que tu croyais en moi !

Et il s'enfuit en courant. L'équipe des OK est bouleversée ! Sulli a tant de remords qu'il remet le trophée aux ROR. Puis il décide d'aller parler à la directrice.

— Vous avez modifié le réglage du simulateur ? s'énerve-t-elle. Vous êtes banni de l'Université !

Là-dessus, une alarme retentit sur le campus. Quelqu'un s'est introduit dans le laboratoire des Portes de Placard. Sulli le pressent : Bob s'apprête à faire une grosse bêtise !

## CHAPITRE 8

Dans le laboratoire, en effet, Bob enclenche une porte de placard...

*Je leur prouverai que je suis capable d'effrayer un enfant pour de vrai !* se promet-il.

L'ampoule clignote. Bob tourne la poignée, puis traverse le seuil du placard sur la pointe des pattes.

Une roulade au sol, un froissement de rideaux, et il approche du lit où dort tranquillement une fillette...

— *ROAR !* rugit-il.

Mais la fillette ne sursaute pas. Au contraire, elle sourit !

— Hé, t'es drôlement rigolo, toi ! s'exclame-t-elle.

Bob regarde autour de lui, sidéré. Il réalise qu'il n'est pas entré dans la chambre d'un enfant, mais dans le dortoir d'une colonie de vacances... où tous les enfants le dévisagent sans la moindre peur. C'est plutôt lui, soudain, qui frissonne d'angoisse !

Pendant ce temps, à l'Université, la directrice a condamné

l'accès à la porte qu'a empruntée Bob, par sécurité. Mais Sulli est décidé à porter secours à son ami, coûte que coûte ! Tandis que Don se charge de distraire les surveillants, il approche furtivement de la porte… La directrice le surprend, mais il ignore son avertissement, pousse la porte de placard… et débouche dans le dortoir vide.

— Bob ?

Par la fenêtre, il entend les enfants et leurs moniteurs discuter fébrilement avec des gardes forestiers. Il comprend que Bob est parvenu à s'échapper du camp. Mais les humains vont se lancer à ses trousses ! Alors, sans hésiter, Sulli sort de la cabane pour filer à la recherche de son ami. Aussitôt, les rangers braquent leur torche sur lui en criant :

— C'est un ours ! Attrapez-le !

Sulli court comme un fou à travers le bois. Il arrive hors d'haleine au bord d'un lac, où il trouve enfin Bob, qui se morfond.

— Tu avais raison, lui dit celui-ci en le voyant, pas un enfant n'a eu peur de moi ! Et je me suis donné tant de mal pour changer... Tu as de la chance, toi, tu es un Sullivent ! Tu ne te sentiras jamais nul, tout le monde t'aime et te respecte d'emblée.

— Sauf qu'en réalité, je suis la honte de ma famille ! confie Sulli. Je déçois toujours les autres. Ne te fie pas aux apparences, Bob. Tu n'es pas le seul à te sentir nul !

— Pourquoi tu ne m'as pas dit tout ça avant ?

— Ben... avant, on n'était pas amis...

Un rayon de lampe torche les interrompt : les gardes forestiers débarquent ! Ils sont à la poursuite de « l'ours ». Sulli fuit dans l'obscurité, mais trébuche et dévale au fond d'un talus. Heureusement, Bob lui lance une grosse branche pour le hisser hors du trou. Mais les cris des rangers se rapprochent… Les deux amis filent vers la cabane.

— L'ours ! Le revoilà !

Vite, Bob et Sulli traversent le dortoir, se ruent sur la porte de placard, l'ouvrent… en vain. Elle ne donne plus sur Monstropolis ! Et pour cause : du côté du laboratoire, la directrice a débranché la porte au nom de la sécurité de l'Université. Quelle catastrophe !

Dans la cabane, Sulli s'affole, mais Bob conserve son sang-froid.

— On peut rentrer chez nous ! affirme-t-il. Si on fait assez hurler de terreur les gardiens, leurs cris déclencheront l'ouverture de la porte !

Sulli hésite : terroriser des adultes, c'est très différent...

— Aie confiance ! insiste Bob.

Les rangers entrent dans la cabane. Dans la pénombre, Bob et Sulli sortent le grand jeu de la terreur. Tels des fantômes invisibles, ils renversent les lits, secouent les volets, déplacent les objets, griffent les murs, rampent sur le plancher, puis bondissent brusquement au milieu des gardes. Sulli achève de les effrayer en poussant un rugissement terrible. Les hommes hurlent si fort que, du côté du laboratoire, la porte se remet en marche. Même les Bonbonnes à Cris se remplissent à ras bord. Et *boum !* La porte du placard explose au passage de Bob et de Sulli ! Dean Hardscrabble, stupéfaite, bredouille :

— Comment avez-vous réussi à générer autant d'énergie ?!

Une escouade d'agents se précipite pour les décontaminer en urgence !

Une fois débarrassés des microbes des humains, Bob et Sulli annoncent à leurs camarades qu'ils sont renvoyés de l'Université. Les OK sont d'autant plus désolés qu'ils réintègrent, pour leur part, le cours d'Épouvante...

Bob et Sulli bouclent leurs bagages.

— Du cran, les OK ! lance Bob avant de se rendre sur le parking pour prendre le prochain bus. Ne laissez personne vous empêcher de croire en vous !

Mais Sulli, bouleversé, le rattrape en route et se suspend à la fenêtre de son bus, obligé de stopper.

— Il faut que je te dise, Bob : tu es un monstre génial ! Tu nous as sauvés, moi et les OK ! Alors, d'accord, tu ne fais pas peur à grand monde, mais rien ne t'effraie, et rien ne t'arrête ! Et si Hardscrabble n'a pas su comprendre ça, eh bien...

— Eh bien, Sullivent ?

Il se retourne, embarrassé : la directrice vient justement d'arriver dans son dos ! Elle tend le journal de l'Université à Bob et ajoute :

— Vos exploits font encore la une, messieurs ! Je l'avoue, vous m'avez impressionnée. Mais le président de l'Université a exigé votre renvoi, et il m'est impossible de revenir sur sa décision. Je vous souhaite donc bonne chance... et continuez à étonner votre entourage, Razowski ! ajoute-t-elle en s'éloignant.

Bob fixe du regard une petite annonce sur la dernière page du journal : « On recherche personnel qualifié Service Courrier Monstres et Compagnie ».

— Ça y est, Sulli ! J'ai un plan pour l'avenir ! s'exclame-t-il.

Bientôt, Bob et Sulli sont engagés au tri du courrier de Monstres et Compagnie. Ils forment une super équipe et ne tardent pas à monter en grade... pour travailler enfin, un beau jour, au Service des Terreurs d'Élite !

— On y va, coach ? lance Sulli, devant une porte de placard.

— Plutôt deux fois qu'une, vieux !

Bob Razowski a enfin réalisé son rêve. Et il y est parvenu à sa manière, car rien ne l'effraie... et rien ne l'arrête jamais !

## FIN

CONNECTE-TOI VITE SUR LE SITE
DE TES HÉROS PRÉFÉRÉS :
WWW.BIBLIOTHEQUE-ROSE.COM